SOCIÉTÉ DES AGRICULTEURS DE FRANCE
21, AVENUE DE L'OPÉRA, PARIS

LE SOUDAN CENTRAL

ET LE

BASSIN SEPTENTRIONAL DU CONGO

RAPPORT DE M. GAZEAU DE VAUTIBAULT

Messieurs, c'est le propre des possessions coloniales de donner des débouchés aux produits industriels de la métropole et de stimuler par suite la production des matières premières et des produits agricoles qu'emploie l'Industrie. A ce titre, la question du Soudan central mérite d'attirer votre attention.

Cette région, bornée au Nord par le grand Désert, au Sud par le bassin du Congo, à l'Ouest par le bas Niger et à l'Est par le Soudan égyptien ou bassin du Nil, dont les explorations ont coûté plus de 100 millions, dont les populations idolâtres sont regardées comme les plus hospitalières de l'Afrique, — cette région, considérée comme la plus riche du continent africain en matières végétales, animales et minérales, aussi vaste que les Indes, et que ses richesses ont fait surnommer les *Indes noires*, est restée cependant jusqu'ici isolée du reste du monde, faute d'un passage court et économique qui la mettrait en relations avec l'Europe. Au Nord, en effet, 500 lieues de Sahara la séparent de la Méditerranée, et à l'Ouest ses fleuves qui se jettent dans l'Atlantique ont des récifs et des bancs de sable qui empêchent la navigation.

Eh bien! j'ai eu la bonne fortune, il y a quelques années, de trouver, d'indiquer ce passage de pénétration au vieux Soudan central, qui constitue la première moitié de l'Afrique centrale, je l'ai indiqué dans le même temps que Stanley et Brazza faisaient leurs premières études dans le bassin du Congo.

De plus, pour l'ouverture de ce passage, sa réalisation, sa mise à exécution, c'est par l'initiative privée que j'ai proposé constamment de conquérir commercialement, pacifiquement le Soudan central à la France, estimant que ce mode de procéder n'évoque, ne suscite aucune méfiance chez les indigènes, qu'il engage uniquement la responsabilité des particuliers et ne saurait exposer la mère patrie à aucunes complications extérieures, à aucuns sacrifices soit en troupes, soit budgétaires.

Que si, Messieurs, vous voulez bien prendre la peine de consulter cette carte qui est sous vos yeux, vous verrez qu'il n'y a que 90 lieues la distance d'ici Cherbourg) de l'Océan Atlantique au mont Laboul qui est à l'extrémité Sud-Ouest, au seuil du Soudan central, et qui domine ses vastes plaines si bien arrosées qu'elles font l'effet d'une immense Lombardie africaine. Ces 90 lieues sont traversées en ligne droite d'abord par la rivière Cameroon, rivière de cinquième ordre, telle que la Vilaine, la Sarthe et l'Oise, qui, en compagnie de quatre autres cours d'eau, se jette dans l'un des plus remarquables estuaires de la côte occidentale d'Afrique, — ensuite par le cours supérieur du Vieux Calabar.

Ces 90 lieues sont riches en huiles de palme, caoutchouc, café, coton, cacao, vanille, poivre, bois de prix et surtout en ivoire ; les éléphants y pullulent et sont même plus nombreux que dans le Soudan central. Elles offrent donc non seulement cet avantage qu'elles constituent le seul passage possible pour pénétrer au Soudan central, mais encore elles présentent ces différences avec les 350 lieues qui, pour nos entreprises du haut Niger, séparent Saint-Louis du Niger, avec les 400 lieues qui, pour nos entreprises du Congo, sont entre les bouches de l'Ogowé et le Congo, qu'en premier lieu la distance pour arriver au Soudan central est quatre fois plus courte et qu'en second lieu elles sont peuplées et riches en productions de toutes sortes. En outre, le Soudan central est plus riche que le haut Niger et que le bassin du Congo. Les contrées des 90 lieues sont salubres, TRÈS hospitalières ; leurs populations sont idolâtres et avides de commerce ; le pays est presque vierge de pas européens. Barth en 1851, Flegel en 1881 ont été accueillis *comme des divinités* (ce sont leurs expressions) au Soudan central.

Ce serait commettre une grande faute, compromettre ma découverte que d'envoyer dans ces contrées une armée comme au Tonkin, ou bien d'y établir des postes militaires comme M. de Brazza le fait dans la seconde moitié de l'Afrique centrale. Je suis de ces économistes libéraux qui ont toujours pensé qu'en matière coloniale le plus grand rôle doit être rempli par l'initiative privée. Il y a deux siècles, l'initiative privée a contribué puissamment à la fondation, au développement du brillan empire colonial que nous avions alors ; elle y a contribué par les efforts libres, la propagande pacifique, l'initiative hardie de commerçants, d'armateurs, de navigateurs, d'explorateurs et de colons français. Dupleix, le grand Dupleix n'était autre que le gérant de la *Compagnie française des Indes* ; et, il y a à peine trente ans, c'était aux mains d'une *Compagnie anglaise des Indes* qu'étaient les Indes anglaises. L'Allemagne commence à se créer des possessions coloniales dans le Sud-Ouest et le Sud-Est de l'Afrique, et c'est au moyen de commerçants et de colons qui débutent par conclure des traités avec les indigènes. De même, disait le *Journal des Economistes* de juin dernier, « c'est à l'initiative privée que l'Angleterre est redevable des portions les plus vastes et les plus riches de son empire colonial... Ce sont des émigrants, chassés par l'intolérance religieuse, qui ont fondé les colonies de la Pensylvanie et de la Nouvelle-Angleterre, tandis que d'autres émigrants allaient coloniser la Virginie et le Delaware. C'est une société particulière, la Compagnie de la baie d'Hudson, qui a découvert, exploré, et occupé les immenses territoires du Nord-Ouest. C'est une autre société privée, la Compagnie des Indes, qui a conquis l'empire indien et qui l'a gouverné pendant plus de deux siècles. C'est une Compagnie qui a colonisé la Nouvelle-Zélande. Une autre, la North-Bornéo, est en train d'annexer au monde britannique la grande et magnifique île de Bornéo, etc. »

En présence de tels précédents, et quand on se rappelle les milliards que nous ont coûtés, que nous coûtent l'immixtion absorbante et sans partage, l'ingérence exclusive de l'État, de ses militaires et de ses marins dans la conquête, dans le gouvernement des colonies administratives de

l'Algérie, de Tunisie, de Cochinchine, du Tonkin, de Madagascar, du Sénégal, du Niger, du Congo, je me suis dit que l'initiative privée ne pouvait être
systématiquement écartée de la mission de coopérer à l'extension de
notre puissance coloniale, que c'était elle qui était le mieux en mesure
de trouver à ma découverte une solution pratique et de doter la France
de la plus belle colonie que notre patrie puisse ambitionner dans le
monde.

Voici le projet que j'ai conçu pour utiliser ma découverte du passage
qui conduit directement et en quelques journées au Soudan central. Je
projette, dans une première expédition, d'établir, en tant que base d'opé-
ration, des factoreries ou postes commerciaux autour de l'estuaire que
je vous ai indiqué, auprès de 14 factoreries européennes déjà existantes, —
d'en échelonner quelques autres sur les rives du Cameroon et du Vieux
Calabar (cours supérieur) jusqu'au seuil du Soudan central, — de relier ces
factoreries par une flottille de barques du pays et, si possible, par une
barque à vapeur d'un faible tirant d'eau, — de conclure des traités avec
les tribus, comme font Stanley et Brazza dans la seconde moitié de
l'Afrique centrale, — d'acheter pour des prix dérisoires des centaines de
milliers d'hectares tout le long du littoral et des rives des fleuves, comme
cela vient d'être fait par les Européens au Congo, — de déterminer
grosso modo entre les factoreries le tracé sommaire d'un chemin de fer
portatif, provisoire, à voie étroite, à pose instantanée, à construction économique, tel que celui de Sousse à Kairouan, qui suffirait en tant que son-
dage de civilisation dans les pays neufs du Soudan central, — de rappor-
ter une première cargaison, d'ivoire principalement, et des échantillons
des richesses végétales, animales et minérales de tout le pays.

Dans une seconde campagne, il y aura lieu, après avoir constitué une
espèce de Compagnie des Indes africaines, de procéder à la construction
du chemin de fer portatif, qui sera la première étape des chemins de fer
du Soudan central, de faire au delà du seuil du Soudan central des expé-
ditions semblables à la première. Il s'agit d'envahir, d'occuper successi-
vement, par étapes et par des chemins de fer portatifs, tout le Soudan
central et tout le Nord, soit le cinquième du bassin du Congo.

Si je parle du Bassin septentrional du Congo, c'est que la situation du
mont Laboul et des montagnes voisines constitue un point stratégique
commercial, un nœud orographique d'une importance hors ligne. Là, en
effet, prennent leurs sources dix à douze fleuves qui s'en vont sillonner
de leurs cours et tout le Soudan central et les immenses régions du Nord
du bassin du Congo. Ce point stratégique commande à la fois le Soudan
central et le bassin du Congo. Il est dans sa destinée d'être le pivot, le
nœud des artères ferrées qui sillonneront l'Afrique entière d'ici dix à
quinze ans. Il contient les sources du Bénoué et de son affluent princi-
pal, le Faro, — du Logoné, affluent du Chari qui se déverse dans le lac
Tchad et descend de montagnes contiguës au lac Albert et au Nil, — de
nombreux affluents Nord du Congo dont les richesses, en vertu de la loi
des distances, devront s'embarquer à leur proximité, dans l'estuaire du
Cameroon, — du Vieux Calabar qui, avec le Cameroon, relie directement
et à courte distance la mer au seuil du Soudan central et à l'extrême
Nord du bassin du Congo.

Que l'on ne croie pas que la première expédition, dont je viens de
parler, sera longue et difficultueuse. Elle sera de retour six mois au
plus tard après son départ des côtes de France. Je compte 25 jours de
traversée à l'aller et autant pour revenir, soit 50 jours de mer par le pa-

quebot anglais qui fait escale plusieurs fois par mois au Cameroon. Quant aux 90 lieues par terre, — soit 180 lieues aller et retour, — l'expédition me demandera 43 jours, si je fais mes 4 lieues par jour, comme ont fait Bayol dans sa dernière mission du Niger, Stanley et ses lieutenants le long du Niari, Barth en 1851 au cœur du Soudan central. Je pourrais donc à la rigueur, avec 50 jours de voyage par mer et 43 par terre, revenir en France au bout de 3 à 4 mois. Mais je crois devoir tenir compte des temps d'arrêt que des circonstances fortuites peuvent m'imposer, et je crois n'être pas téméraire en espérant mon retour sur les côtes de France au bout de six mois.

Messieurs, c'est honoré des plus hautes sanctions que j'ai l'honneur de vous présenter ces observations. Elles sont appuyées par un comité d'initiative, composé de cent et quelques sénateurs, députés, membres de la chambre de commerce de Paris, ambassadeurs, amiraux, généraux, ingénieurs en chef des ponts et chaussées, membres de l'Institut, explorateurs et présidents de chambres syndicales de Paris. En 1882, la Société nationale de topographie pratique m'a décerné sa grande médaille d'honneur. De nombreuses chambres de commerce ont émis des vœux en faveur de l'entreprise. Le 14 juin 1882, M. le président du Conseil des ministres, ministre des affaires étrangères, a attribué une subvention pour l'expédition et « a réservé à son département de ratifier, suivant les convenances de notre politique générale, les actes de l'expédition qui lui paraîtraient comporter une sanction officielle, » et que mes amis et moi nous ferions « en notre nom et sous notre responsabilité exclusive ». Le 6 juillet 1882, M. le Ministre des travaux publics a autorisé l'ingénieur des mines que je désignerais à déterminer le tracé sommaire du chemin de fer portatif et à étudier les richesses minérales du pays. Le 7 avril 1883, M. le Ministre de la marine et des colonies, après une longue et minutieuse enquête de ses bureaux, a attribué à l'expédition une subvention égale à celle de M. le Ministre des affaires étrangères ; il a accordé un congé à l'officier de marine que je désignerais ; il m'a autorisé à engager au Sénégal douze laptots pour ma station commerciale qui sera au seuil du Soudan central ; il s'est engagé à faire transporter sur le littoral le matériel et le personnel de ma première expédition par un des navires de l'État faisant le service du Gabon. J'espère qu'à son tour la Société des agriculteurs de France ne sera pas indifférente à mes efforts (1).

1. Nous apprenons que le commandant du croiseur *le Voltigeur* vient d'établir le protectorat français dans la partie méridionale de l'estuaire du Cameroon à Malimba.

Imp. de la Société de Typ. — Noizette. 8, rue Campagne-Première, Paris.